{ **This Coloring book is for:** }

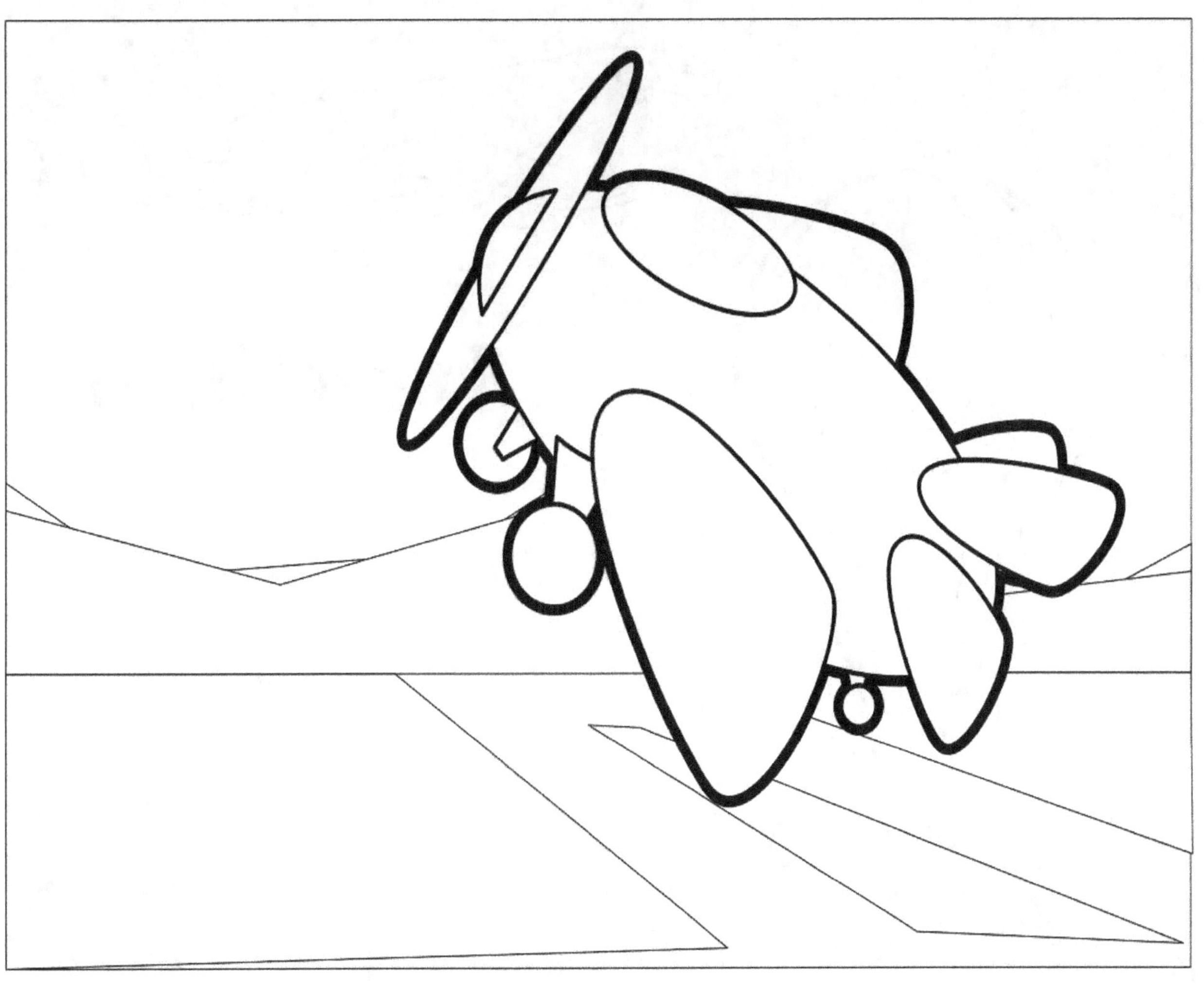

Travel by air!

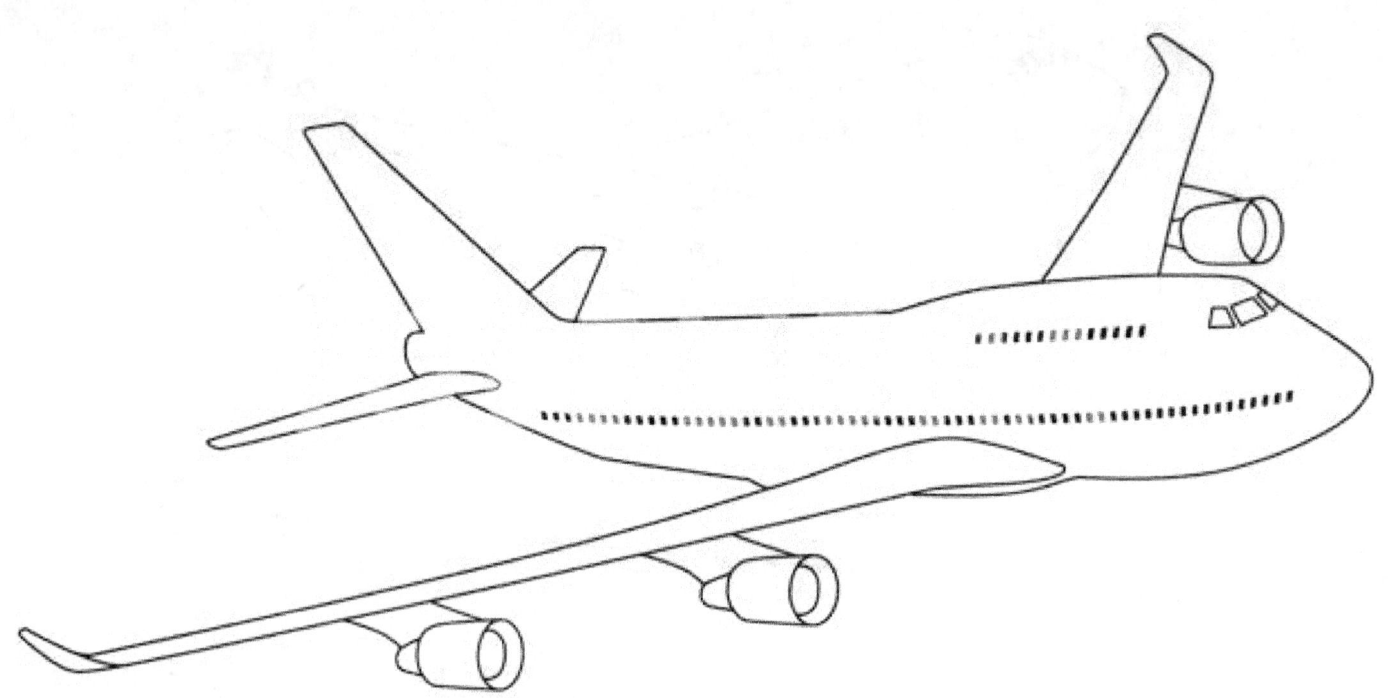

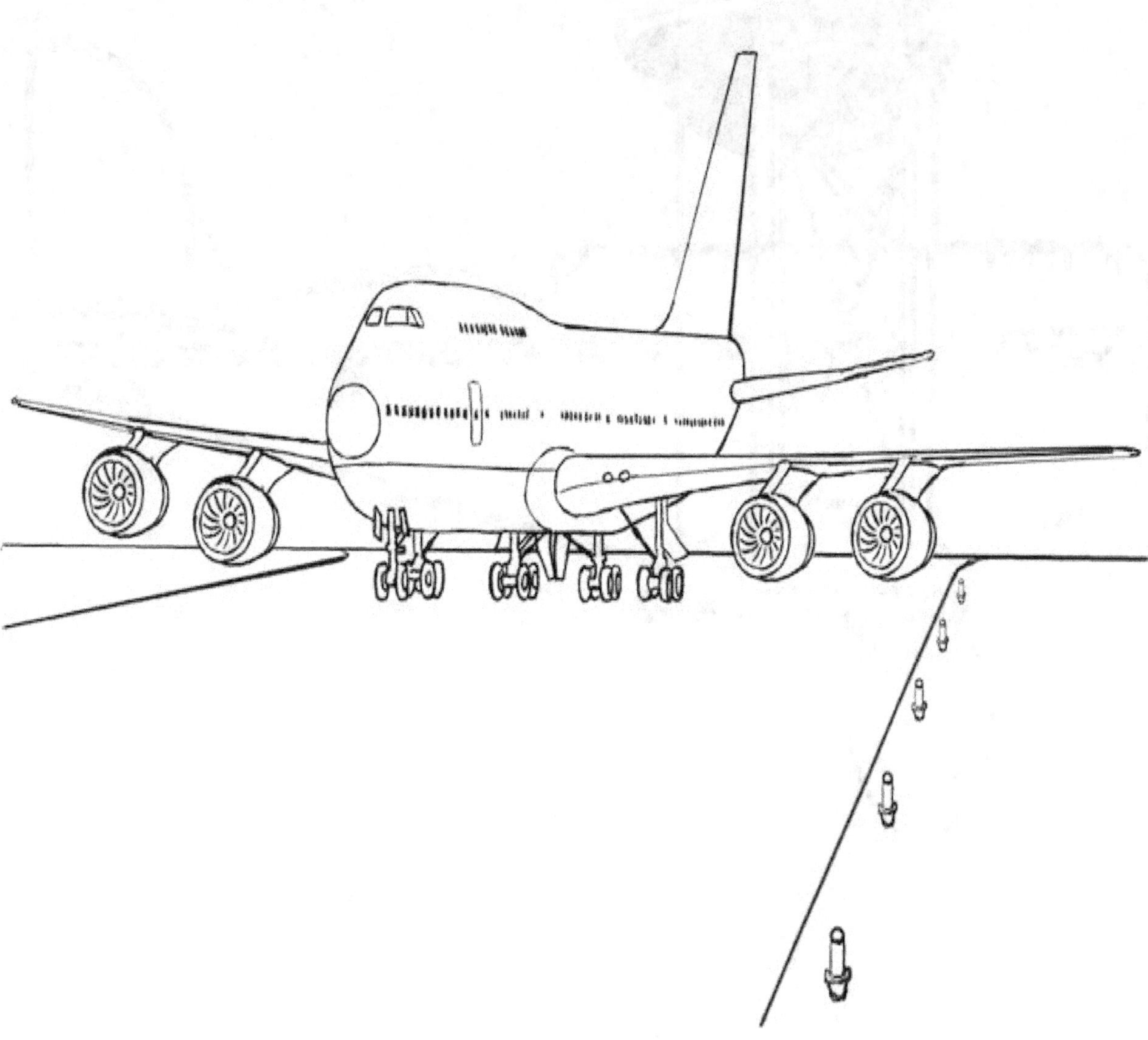

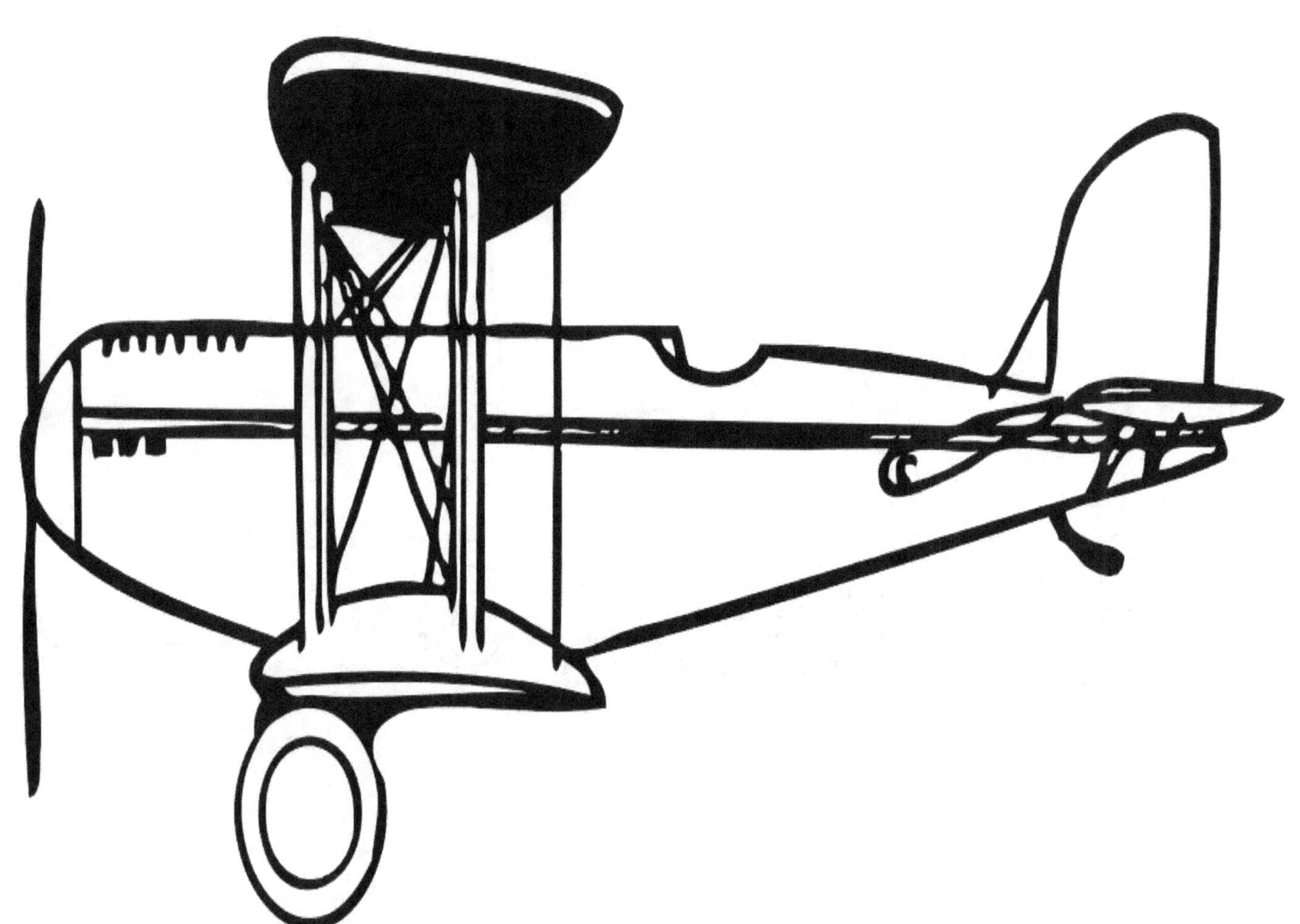

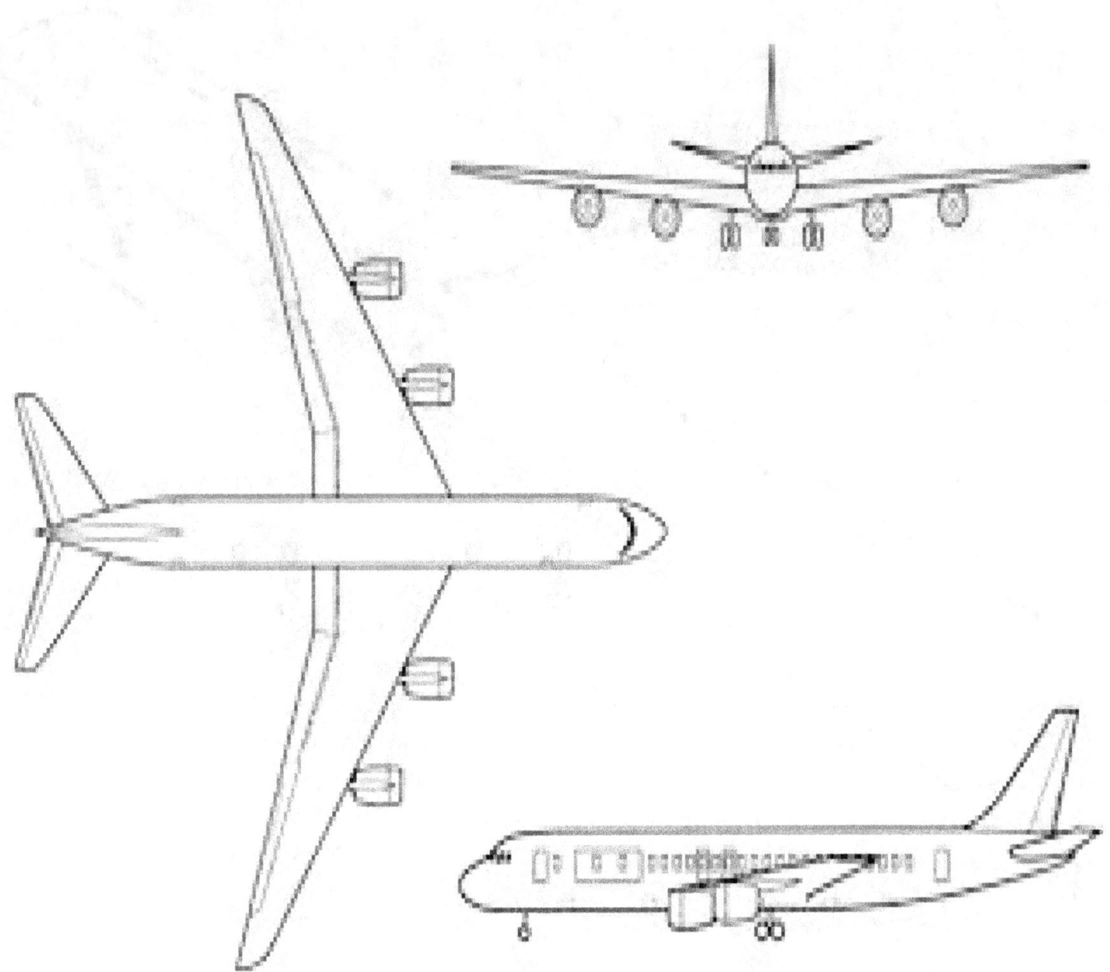

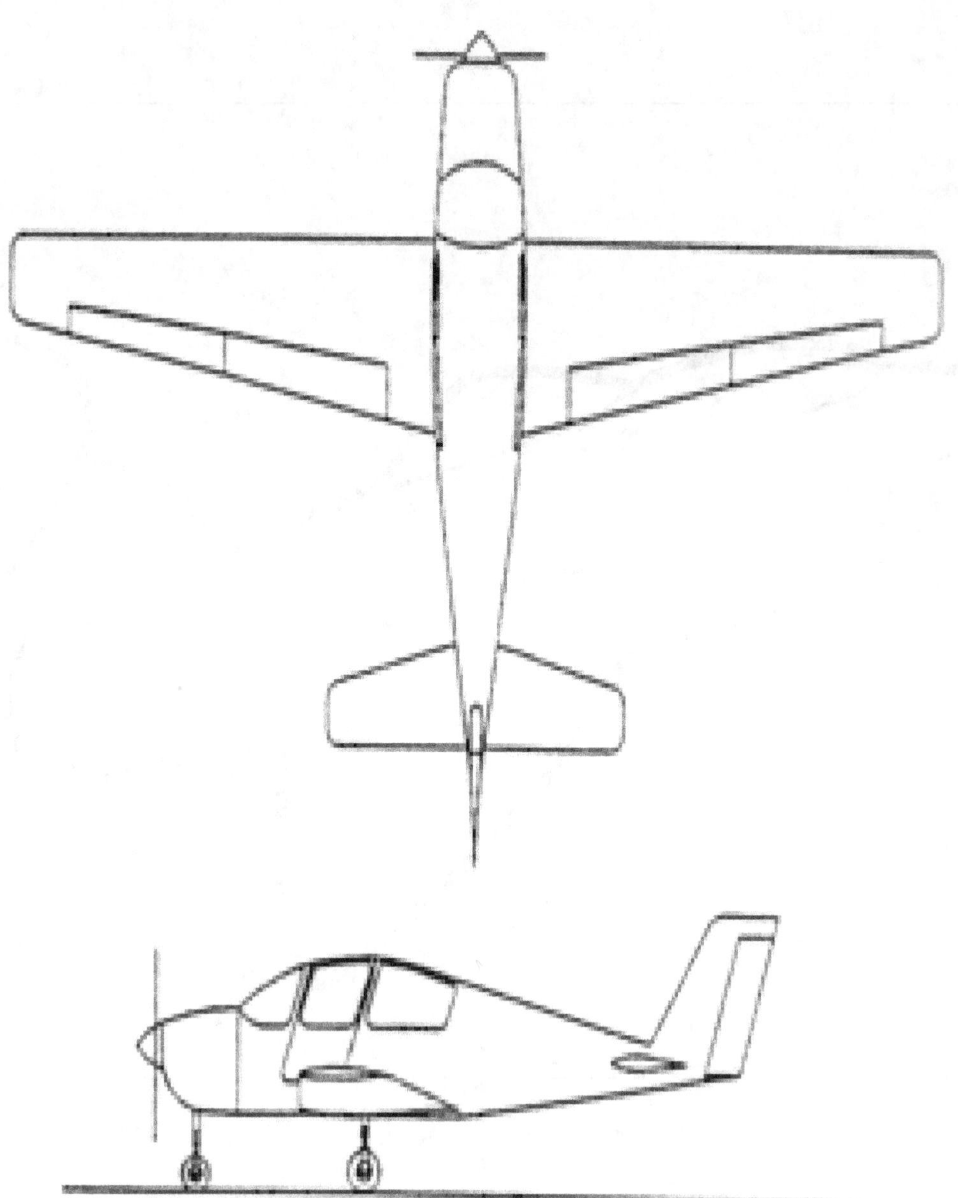

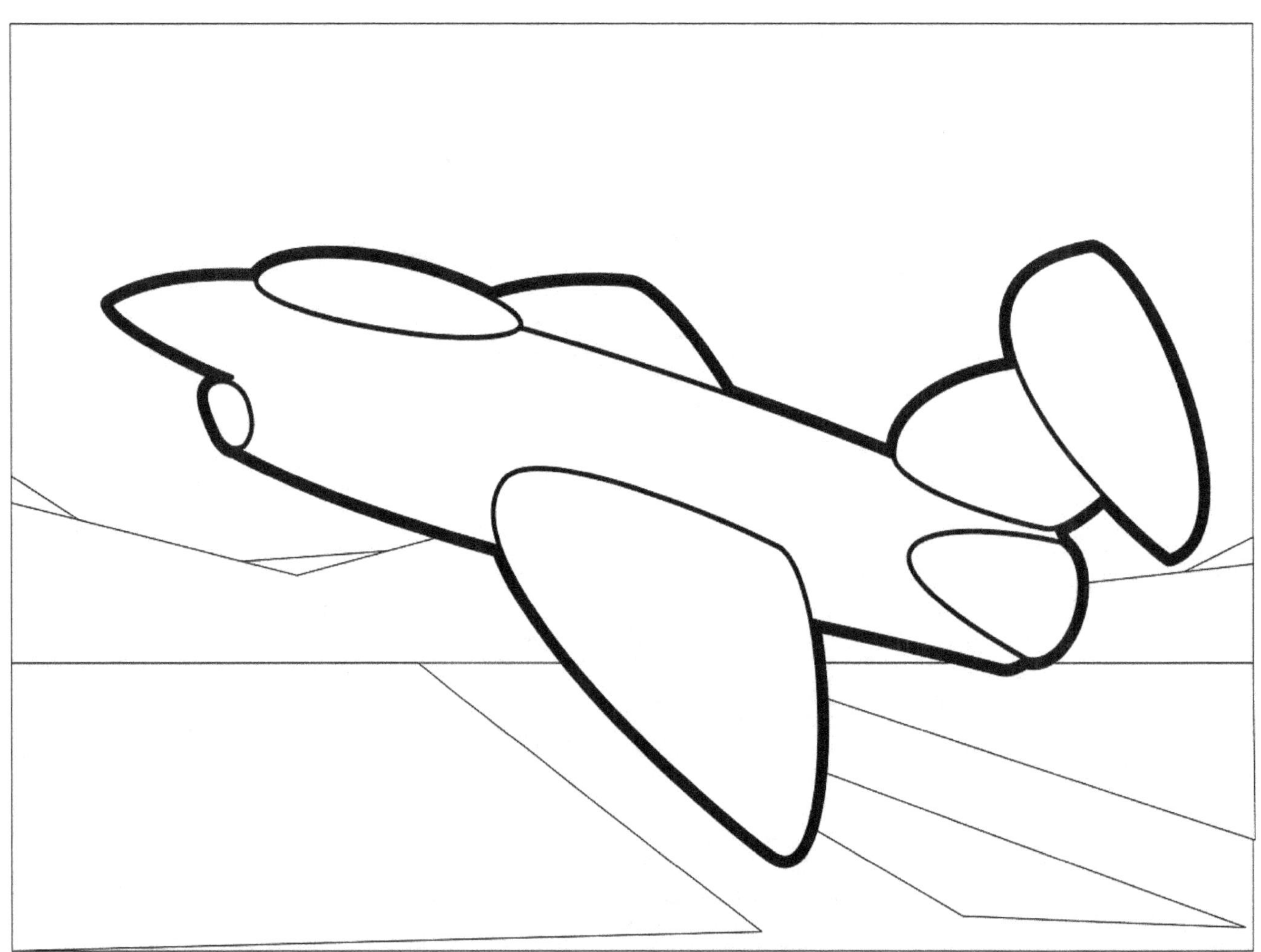

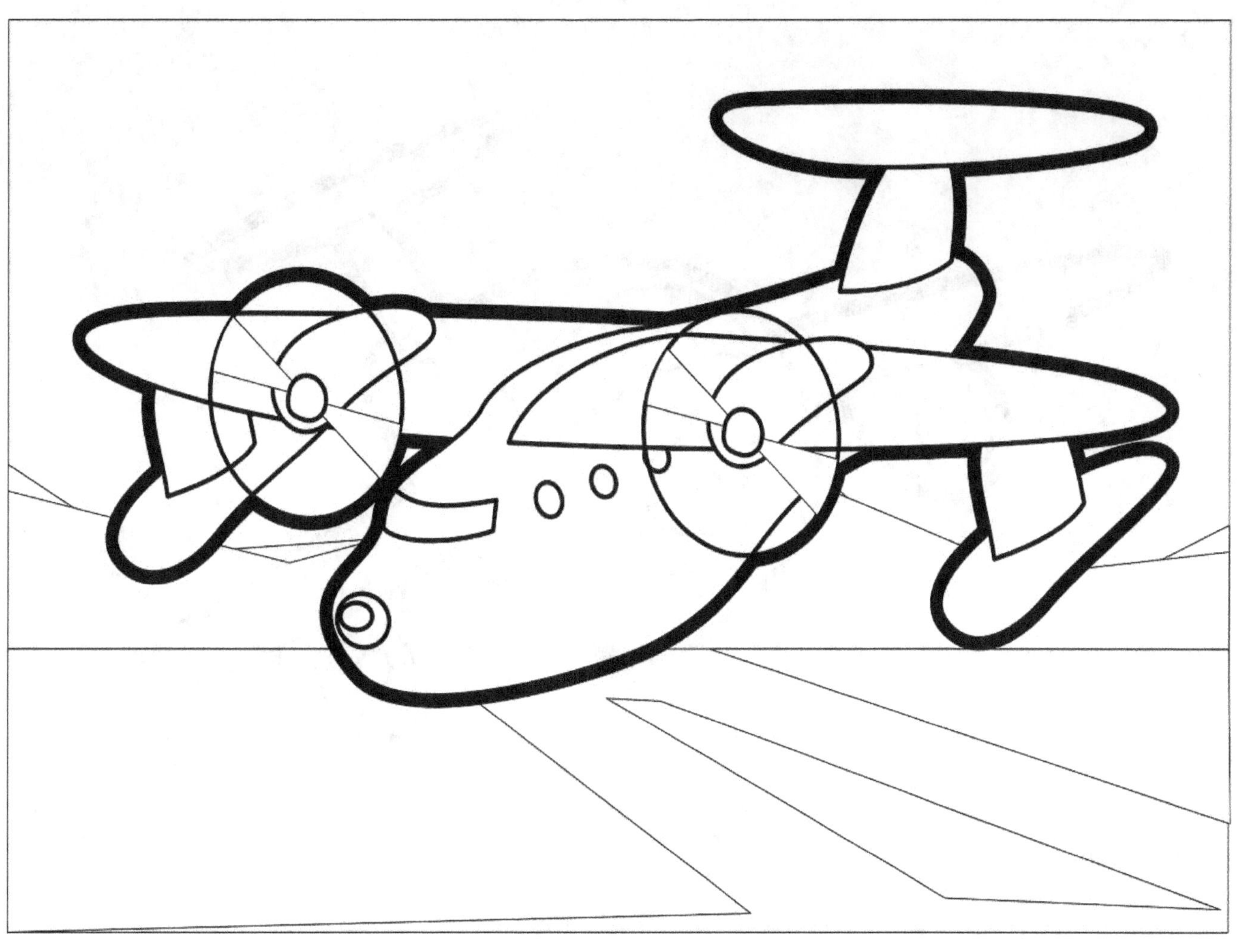

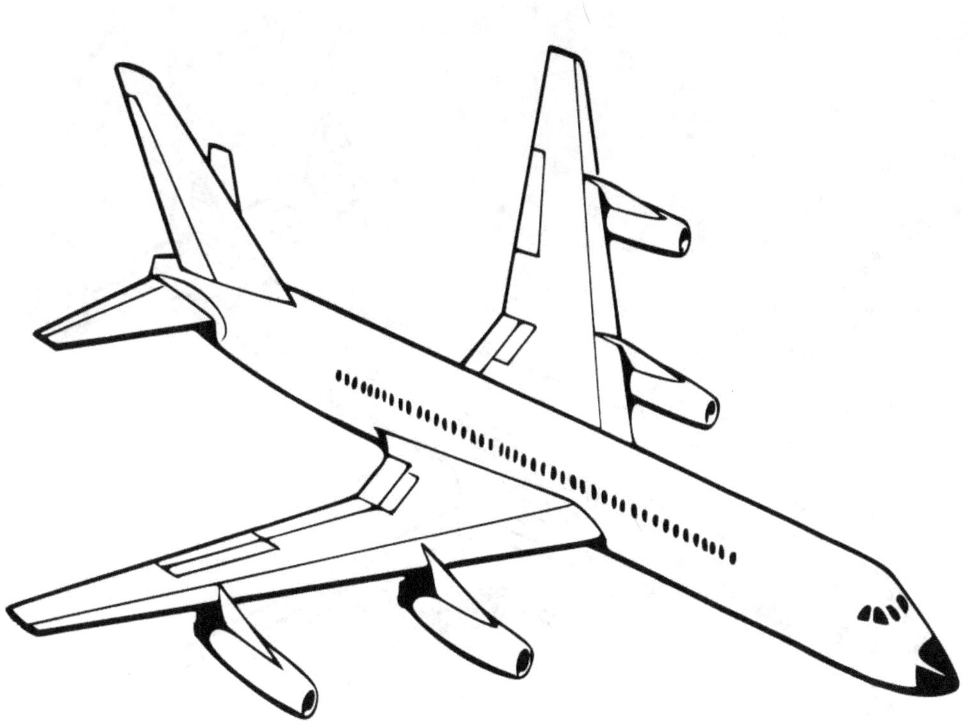

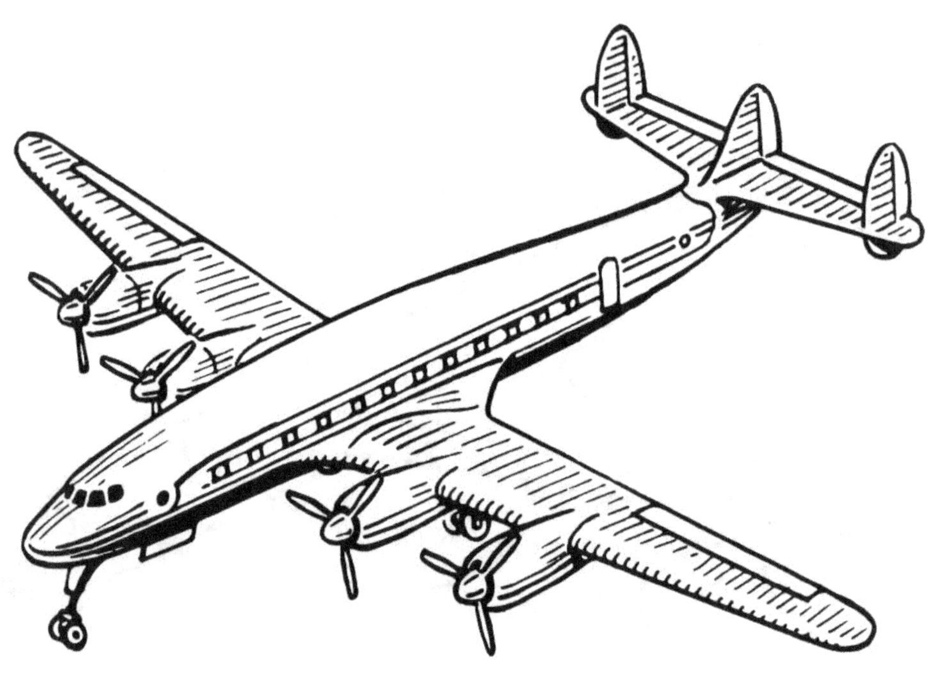

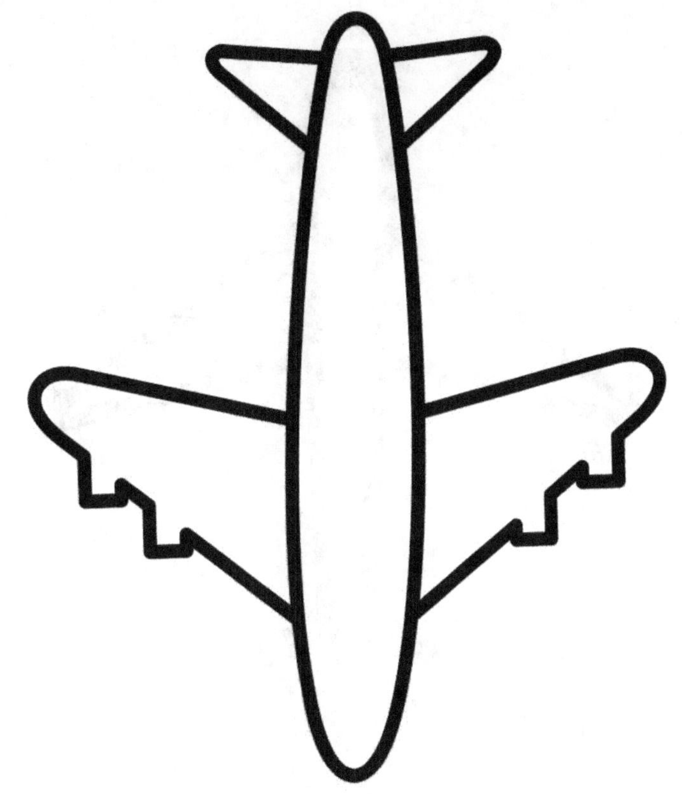

USAF

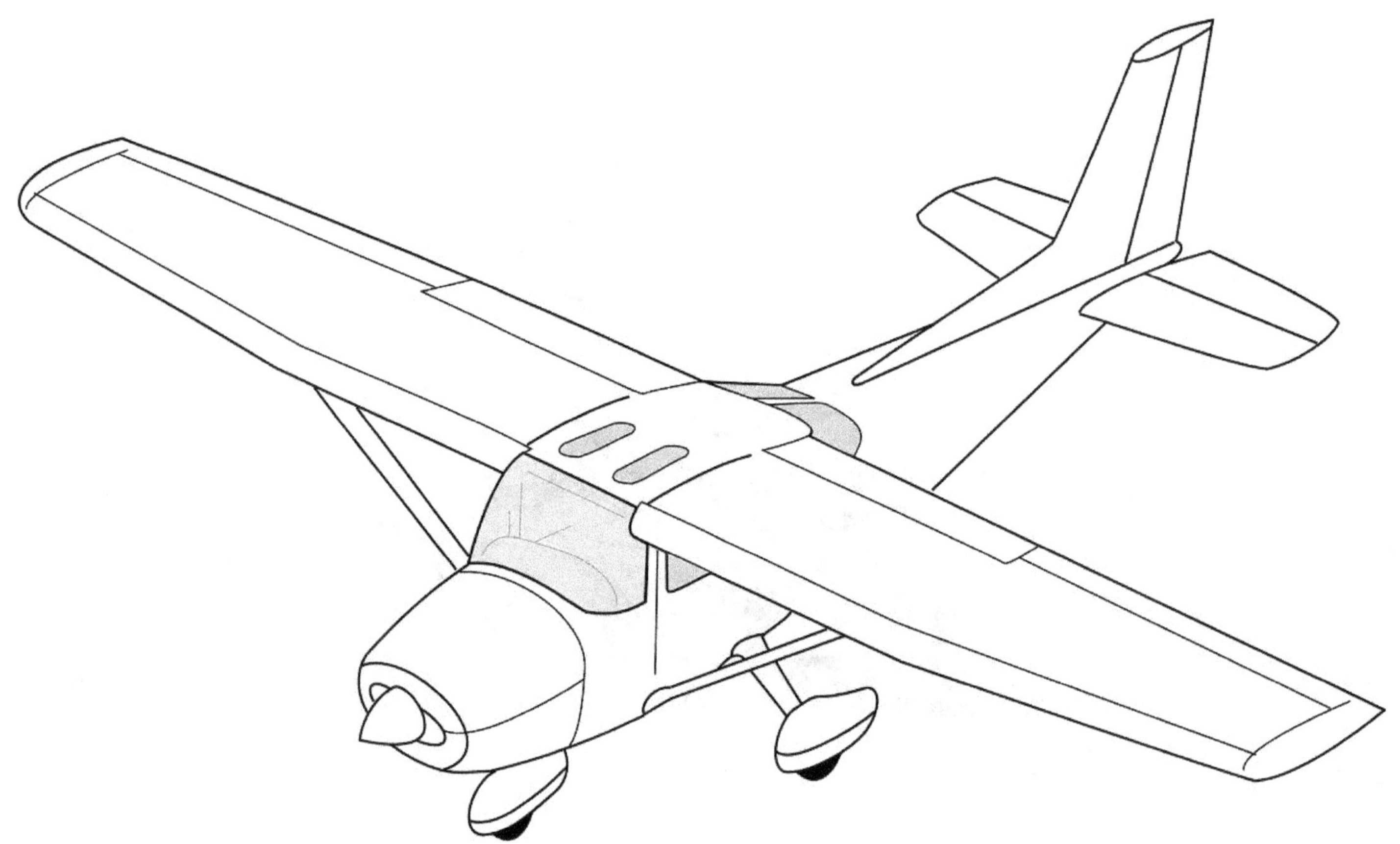

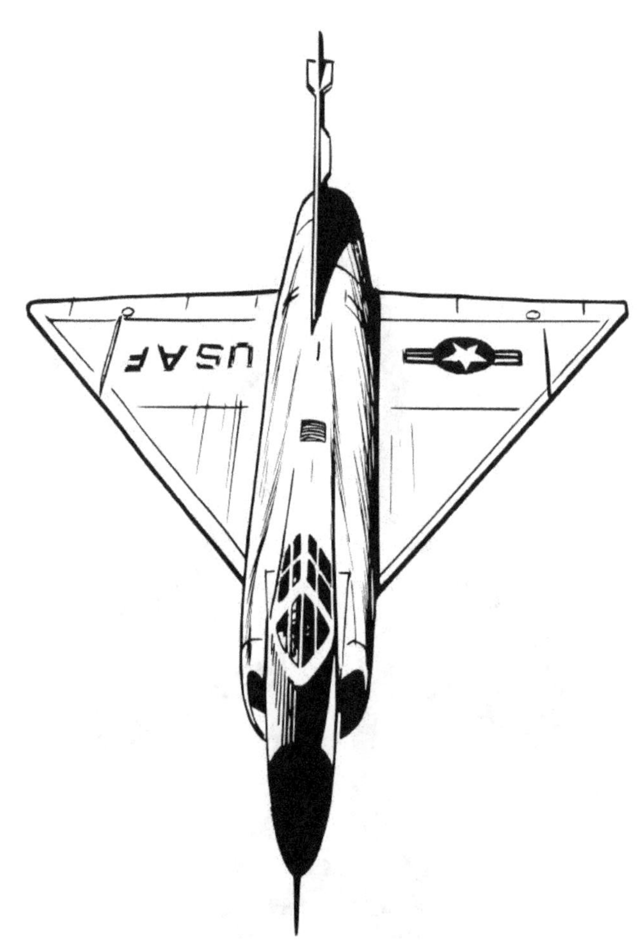

USAF

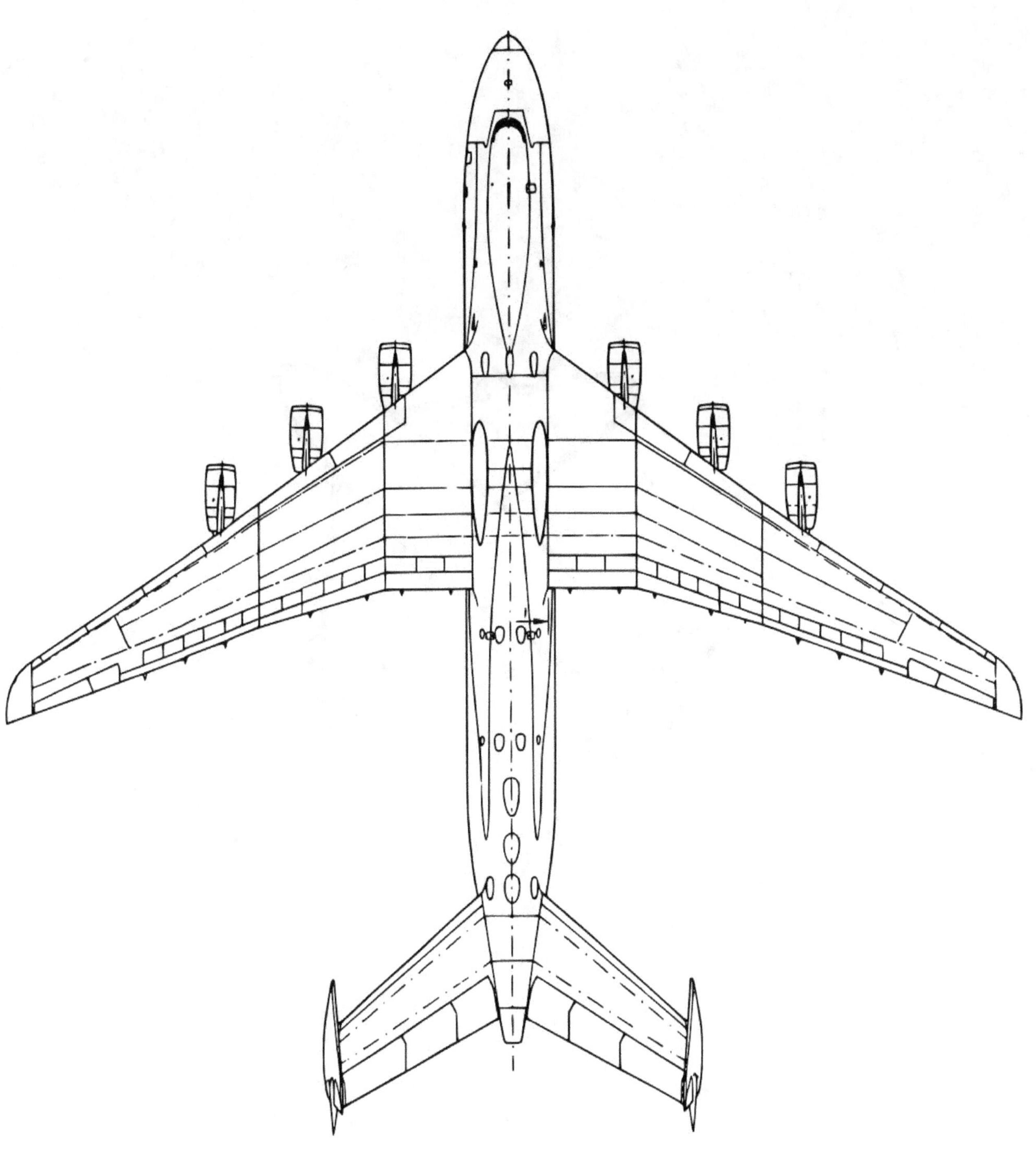